Comprensión y colaboración entre religiones

Discurso de
Sri Mata Amritanandamayi

Mata Amritanandamayi Center, San Ramon
California, Estados Unidos

Comprensión y colaboración entre religiones
Discurso de Sri Mata Amritanandamayi
Traducido por Swami Amritaswarupananda Puri Traducido del inglés por Patricio Hernández Pérez

Publicado por
  Mata Amritanandamayi Center
  P.O. Box 613
  San Ramon, CA 94583
  Estados Unidos

————*Understanding and Collaboration
        between Religions (Spanish)* ————

Copyright © 2006 Mata Amritanandamayi Center, P.O. Box 613, San Ramon, CA 94583, Estados Unidos

Todos los derechos reservados. No se permite la reproducción total o parcial de este libro, ni su incorporación a un sistema informático, ni su transmisión, reproducción, transcripción o traducción a ninguna lengua, en ningún formato y por ninguna editorial.

Primera edición por MA Center: septiembre de 2016

En España: www.amma-spain.org
  fundación@amma-spain.org

En la India:
  inform@amritapuri.org
  www.amritapuri.org

Sri Mata Amritanandamayi

Introducción

El día 2 de mayo de 2006, Amma impartió el discurso "Comprensión y colaboración entre religiones" en el Museo de Arte Rubin de Nueva York, durante la ceremonia de entrega de los IV Premios Anuales Inter-credos *James Parks Morton*, que organiza el Interfaith Center de Nueva York.

Este Centro, conocido por sus siglas ICNY, concedió su galardón del año 2006 a Amma por su importante impulso de "la comprensión y el respeto interreligioso", que es la directriz fundamental del ICNY. En el acto de presentación del premio, el fundador del Museo Rubin, Donald Rubin, manifestó: "La vida de Amma se ha consagrado a acoger a los demás. Al aceptar a todos los seres humanos por medio de su abrazo físico, ella trasciende todas las religiones y divisiones políticas. La aceptación y el amor que genera su abrazo es el remedio curativo que todos necesitamos. Es la cura que nuestras madres nos dieron cuando éramos niños. Y esa cura es la que Amma está dando al mundo".

Los miembros del ICNY se sentían muy impresionados por la ingente tarea de socorro llevada a cabo por el Ashram de Amma tras el tsunami asiático de 2004, y deseaban conocer las opiniones de Amma sobre la comprensión y colaboración interreligiosa a raíz de esa experiencia de ayuda humanitaria.

En su discurso Amma dijo: "Cuando se producen los desastres naturales, se abren los corazones y se trascienden los conceptos de casta, religión y partidismo político. Sin embargo, la compasión y la actitud de no juzgar, que muestran muchas personas durante esas situaciones, aparecen y desaparecen tan rápidamente como el destello de una luz. Si, en cambio, tratamos de mantener ardiendo esa llama de compasión en nuestro interior, esta puede disipar la oscuridad que nos rodea".

Aunque Amma se expresó en malayalam, su lengua nativa, todos pudieron seguir su discurso gracias a la traducción simultánea en inglés. Las palabras de Amma no eran elucubraciones propias de un erudito, estaban empapadas de su luz y experiencia personal, y, como tales, tenían un gran peso, causando un evidente impacto en toda la audiencia.

Aun aceptando la necesidad de la religión, Amma recalcó lo importante que era para todos los que practican una religión el penetrar en aquello que se encuentra en la esencia de todos

Introducción

los credos. Amma dijo: "Igual que se extrae el jugo de la caña de azúcar y se desecha la fibra, los guías religiosos deberían animar a sus seguidores a absorber la esencia de la religión —que es la espiritualidad— y no dar excesiva importancia a los aspectos externos. Por desgracia, hoy en día, hay muchas personas que están comiéndose la fibra de la caña de azúcar y escupiendo la esencia".

Amma también lamentó el hecho de que mientras los santos y sabios dan importancia a los valores espirituales, sus seguidores se quedan a menudo en los aspectos formales o institucionales. Amma dijo: "Como resultado, las propias religiones que debían expandir paz y calma, enlazando a las personas en la guirnalda del amor, se han convertido en causa de guerras y conflictos. A causa de nuestra ignorancia y limitada perspectiva, estamos confinando a las grandes almas en los pequeños compartimentos de la religión. En su nombre, nos hemos encerrado nosotros mismos en la prisión del ego, y hemos procedido a inflamar nuestros egos y a luchar entre nosotros. Si continúa esta situación, la comprensión y colaboración será un puro milagro".

En su conclusión, Amma dijo que la palabra que engloba la solución para casi todos los problemas que el mundo afronta actualmente era "la compasión" y recalcó la importancia de que los miembros de todos los credos sirvan a los pobres y a los que sufren. En este sentido Amma dijo: "Ayudar a los pobres y necesitados es la verdadera oración. Sin compasión, todos nuestros esfuerzos resultarán vanos".

Cuando Amma concluyó, el salón del Museo de Arte Rubin se llenó de aplausos y enseguida se acercaron los organizadores a recibir individualmente el amoroso abrazo de Amma, incluyendo a algunos que también eran honrados junto con Amma.

> Swami Amritaswarupananda Puri
> Vice Presidente
> del Mata Amritanandamayi Math

Otras cinco personalidades fueron honradas junto a Amma: El laureado Premio Nobel de la Paz de 2005, Dr. Mohammed Elbaradei, Director General de la Agencia Internacional de la Energía Atómica; Stephen G. Breyer del Tribunal Supremo de Estados Unidos, el renombrado actor norteamericano Richard Gere por su trabajo como Director de la película «Healing the Divide» y como presidente del Comité Internacional a favor del Tibet; el Imán Feisal Abdul Rauf, Imán de Masjid Al-Farah, y Daisy Khan, Director Ejecutivo de la Sociedad Americana para el Progreso de la cultura Musulmana.
Entre los que han obtenido el Premio Inter-credos del ICNY en el pasado, destacan tres Premios Nobel de la Paz: su Santidad el Dalai Lama, el Arzobispo Desmond Tutu y Shirin Ebadi, así mismo el anterior Presidente de Estados Unidos Bill Clinton.

Comprensión y colaboración entre religiones

Discurso de agradecimiento de
Sri Mata Amritanandamayi
En el Centro Inter-credos de Nueva York
Museo de Arte Rubin
2 de mayo de 2006, Nueva York

Me inclino ante todos vosotros, que sois la encarnación del Puro Amor y la Conciencia Suprema.

Ante todo, me gustaría transmitir mis mejores deseos al Centro de Inter-credos de Nueva York. Que esta organización sea capaz de encender la llama del amor y la paz en miles y miles de corazones que han sido guiados por el Reverendo James Parks Morton. El Centro Inter-credos merece una especial mención por sus actividades humanitarias tras la tragedia del 11 de septiembre, que sesgó la vida de miles de personas, incluso de inocentes niños. Permitidme también que exprese mi profunda gratitud por la celebración de este encuentro, así como por la fe que habéis depositado en mí.

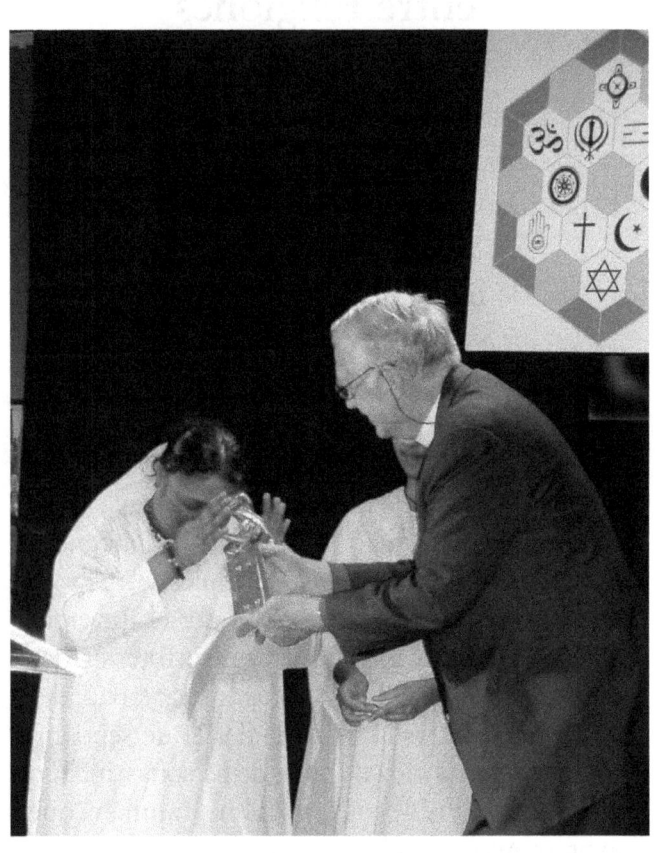

De hecho, si Amma ha sido capaz de ofrecer algún servicio a la sociedad ha sido por el altruismo y el auto-sacrificio de miles de devotos de todo el mundo. Ciertamente, este premio y reconocimiento va dirigido a ellos, pues yo sólo soy un instrumento.

El tema de la conferencia de hoy: "Comprensión y colaboración entre religiones" ha sido tratado en miles de encuentros alrededor del mundo. Y mientras se celebran estos debates y se reúnen distintas tradiciones religiosas —gracias al trabajo de organizaciones como esta—, el temor y la ansiedad respecto al mundo y su futuro siguen ocupando nuestra mente.

Para que cambie esta situación, necesitamos una mejor comprensión y mayor colaboración entre religiones. Tanto los líderes religiosos como los jefes de estado señalan con firmeza esta cuestión en encuentros como el presente. Pero, a menudo, no somos capaces de demostrar la misma firmeza en la acción que en las palabras. Compartimos muchas ideas en estos encuentros, pero cuando tratamos de implementarlas somos incapaces de hacerlo debido a la influencia de determinadas presiones. Un encuentro carente de sinceridad, de corazones abiertos, es como un paracaídas que falla al abrirse.

Cada religión tiene dos aspectos: uno es su enseñanza filosófica, tal como se expone en sus Escrituras; y el otro es la espiritualidad. El primero es la concha exterior de la religión, y la espiritualidad es su esencia interna. La espiritualidad es despertar a la propia auténtica naturaleza. Aquellos que se esfuerzan por conocer su auténtico Ser son los verdaderos creyentes. Cualquiera que sea la religión de cada uno, si se comprenden los principios espirituales, se puede alcanzar la meta suprema: la realización de la auténtica naturaleza del ser humano. Si una botella contiene miel, el color de la botella es irrelevante. Por el contrario, si dejamos de absorber los principios espirituales, la religión no será más que fe ciega, nos encadenará.

La finalidad de la religión es transformar nuestra mente. Para que eso suceda, uno debería impregnarse de espiritualidad, de la esencia interna de la religión. La unidad de los corazones es lo que genera unidad religiosa. Si nuestros corazones no consiguen unirse, ni actuamos conjuntamente como un equipo, nuestros esfuerzos se fragmentarán y acabaremos navegando a la deriva.

Discurso de Sri Mata Amritanandamayi

La religión señala la dirección, igual que un indicador de carretera. La meta es la experiencia espiritual.

Por ejemplo, una persona señala un árbol y dice: "Mira ese árbol. ¿Ves la fruta que cuelga de esa rama? Si la comes, ¡alcanzarás la inmortalidad!" En ese caso, lo que deberíamos hacer es trepar por el árbol, coger la fruta y comerla. Si, en lugar de eso, nos aferramos al dedo de la persona que señala al árbol, nunca podremos disfrutar de la fruta. Sería parecido a ceñirse a las palabras de las Escrituras, en lugar de saborear los principios espirituales que ellas indican.

Igual que se extrae el jugo de la caña de azúcar y se desecha la fibra, los guías religiosos deberían animar a sus seguidores a absorber la esencia de la religión —que es la espiritualidad— y no dar excesiva importancia a los aspectos externos. Por desgracia, hoy en día, hay muchas personas que están comiéndose la fibra de la caña de azúcar y escupiendo la esencia.

La fuerza de la religión reside en la espiritualidad. La espiritualidad es el cemento que fortalece el edificio de la sociedad. Practicar la religión y vivir sin asimilar la espiritualidad es como construir una torre apilando ladrillos sin utilizar ningún tipo de cemento. Fácilmente se desmoronará. La fe religiosa sin espiritualidad se vuelve inanimada, igual que una parte del cuerpo a la que no le llega la circulación de la sangre.

La energía atómica puede ser utilizada para crear o para destruir. Podemos emplearla para generar electricidad y beneficiar al mundo, pero también podemos producir una bomba atómica que lo destruya todo. La elección es nuestra. Absorber los aspectos espirituales de la religión equivale a generar electricidad del átomo, mientras que la religión carente de una perspectiva espiritual nos conducirá a un grave peligro.

En la antigüedad prevalecían diversas culturas, existía el sistema de castas y otras divisiones socio-religiosas. En aquella época, esas divisiones eran externas, y todos podían observarlas. Sin embargo, hoy en día, hablamos como si fuéramos plenamente conscientes de la importancia de la unidad religiosa y de la igualdad, pero por dentro nos sigue royendo el odio y el deseo de venganza. En la antigüedad, los problemas se daban predominantemente a nivel burdo, pero ahora se producen a nivel sutil, y por ese mismo motivo son más poderosos y penetrantes.

Discurso de Sri Mata Amritanandamayi

Amma recuerda una historia. Había un destacado criminal en una ciudad. Cada día a las siete de la tarde se situaba en una determinada esquina, en la que podía acosar e insultar a las mujeres y a las chicas que pasaban por allí. Por temor, ninguna mujer pasaba por ese lugar al ponerse el sol y se encerraban en sus casas. Así pasaron muchos años hasta que, un día, el criminal murió de repente.

Pero, aunque el criminal había muerto, las mujeres de la zona continuaron encerrándose tras la puesta de sol. Asombradas, algunas personas se preguntaban por qué no se atrevían a salir. Las mujeres respondieron: "Cuando vivía el criminal, podíamos verlo con nuestros propios ojos. Sabíamos dónde estaba y cuándo aparecía. Pero ahora es su espíritu el que nos asalta. Por tanto, ¡él puede atacarnos en cualquier momento y lugar! Al ser más sutil, es mucho más poderoso y perverso". Parecido es el caso de la división socio-religiosa actual.

De hecho, la religión es una limitación creada por los seres humanos. En el momento de nacer, no estamos condicionados ni limitados por la religión o el lenguaje. Es algo que se nos ha enseñado, condicionándonos a lo largo del tiempo. Igual que una pequeña planta necesita una protección, este condicionamiento es necesario hasta un cierto punto. Una vez que la semilla se ha convertido en árbol, éste supera y trasciende toda protección. De forma similar, debemos ser capaces de ir más allá de nuestros condicionamientos religiosos y transformarnos en seres "no-condicionados".

Hay tres cosas que hacen que un ser sea humano: 1) el intenso deseo de conocer el significado y el sentido profundo de la vida a través del discernimiento, 2) la milagrosa capacidad para expresar amor y 3) la fuerza para ser feliz y alegrar a los demás. La religión debería ayudar para que las personas realicen esas tres cosas. Sólo entonces, la religión y los seres humanos llegarán a completarse.

Si bien las grandes almas dan más importancia a los valores espirituales, sus seguidores suelen dar más importancia a las instituciones y organizaciones. Como resultado, las propias religiones que debían expandir paz y calma, enlazando a las personas en la guirnalda del amor, se han convertido en motivo de guerras y conflictos.

A causa de nuestra ignorancia y limitada perspectiva, estamos confinando a las grandes almas en los pequeños compartimentos de la religión.

En su nombre, nos hemos encerrado nosotros mismos en la prisión del ego, y hemos procedido a inflar nuestros egos y a luchar entre nosotros. Si continúa esta situación, la comprensión y colaboración será tan solo un espejismo.

Había una vez dos hombres que iban en una bicicleta de dos plazas y trataban de subir una colina. Aunque se esforzaban con todo su empeño, sólo consiguieron recorrer una pequeña distancia. Agotados y aburridos, se bajaron de la bicicleta y se pusieron a descansar. El hombre que iba delante, sudoroso y sin apenas respiración, dijo: "¡Menuda cuesta! Por mucho que pedaleaba no conseguía avanzar nada. ¡Estoy destrozado, no puedo con mi espalda!"

Al oír aquello, el hombre que iba detrás dijo: "Pero, hombre, ¡cómo puedes sentirte cansado! Si yo no hubiera mantenido el freno todo el tiempo, ¡hubiéramos ido hacia atrás!"

Consciente o inconscientemente, eso es lo que estamos haciendo ahora en nombre de la mutua comprensión y colaboración. No abrimos nuestros corazones debido a la arraigada desconfianza que se da entre nosotros.

En realidad, los principios de amor, compasión y unidad se encuentran en el centro de todas las enseñanzas religiosas.

El cristianismo dice: "Ama a tu prójimo como a ti mismo". El hinduismo: "Deberíamos orar para que los demás puedan tener lo que deseamos para nosotros". El Islam: "Si enferma el asno de tu enemigo, debes cuidarlo". El judaísmo: "Odiar a tu vecino es igual a odiarse uno mismo". Aunque expresado de distinta forma, el principio que se transmite es el mismo. Lo importante de todas estas citas es lo siguiente: "Dado que la misma Alma o Atman reside en todo, debemos ver y servir a toda la creación como Unidad. El intelecto distorsionado de la gente hace que se interprete este principio de un modo limitado.

Amma recuerda una historia. Había una vez un renombrado pintor que hizo el retrato de una encantadora joven. Todos los que veían aquel cuadro se sentían enamorados de ella. Algunos llegaron a preguntarle al pintor si se trataba de su amada. Cuando les dijo que no, todos quisieron casarse con ella y no permitir que ningún otro lo consiguiera.

Le preguntaron al pintor: "Queremos saber dónde podemos encontrar a esta maravillosa joven".

El pintor les dijo: "Lo siento, pero en realidad, nunca la he visto. Ella no tiene una nacionalidad, religión o lenguaje. Lo que veis en ella no es la belleza de un persona concreta. Yo me he limitado a pintarle unos ojos, una nariz y dar forma a la belleza que se encuentra dentro de mí".

Pero ninguno creyó las palabras del pintor. Todos lo acusaban furiosos diciendo: "¡Nos estás mintiendo¡ ¡Lo único que quieres es quedártela tú!"

El pintor les dijo tranquilamente: "Por favor, no observéis esta pintura a nivel superficial. Aunque buscarais por todo el mundo, nunca encontraréis a esta joven, pues la pintura representa la quintaesencia de toda belleza".

No obstante, ignorando las palabras del pintor, todos siguieron enamorados de la pintura y de la imagen representada. En su intenso deseo por conquistar a la joven mujer, empezaron a discutir y a pelearse y, finalmente, se mataron entre sí.

Nosotros también somos así. Actualmente estamos buscando a un Dios que mora

Comprensión y colaboración entre religiones

únicamente en los cuadros y en las Escrituras. En esa búsqueda hemos perdido nuestro camino.

Las Escrituras dicen que cada uno de nosotros ve el mundo a través de unas gafas de color. Vemos el mundo que nosotros proyectamos. Si miramos con los ojos del odio y la venganza, el mundo nos parecerá exactamente de esa forma. Pero si lo miramos con los ojos del amor y la compasión, no veremos más que la belleza de Dios en todas partes.

Amma ha oído hablar de un experimento que se llevó a cabo para averiguar si este mundo es tal como lo percibimos. Los investigadores dieron a un joven un par de gafas que distorsionaban su visión. Le pidieron que las llevara puestas durante siete días. Durante los tres primeros días se sintió muy incómodo, pues su percepción resultaba muy distorsionada. Pero después, sus ojos se acomodaron totalmente a las gafas, y dejó de sentirse molesto. Si al principio el mundo le parecía extraño y distorsionado, más tarde le resultó normal.

De igual manera, cada uno de nosotros está llevando un tipo de gafas diferente. A través de esas gafas vemos el mundo y la religión. Reaccionamos de acuerdo con esa visión. Por este

motivo, somos incapaces de ver a las personas como seres humanos.

Amma recuerda una experiencia que le transmitió un líder religioso hace muchos años. Se disponía a asistir a una celebración en un hospital de Hyderabad, India. Cuando bajó del coche y se dirigió hacia el hospital, vio a muchas mujeres que habían formado un pasillo para recibirlo en la forma tradicional, sosteniendo lámparas de aceite encendidas y granos de arroz. A medida que avanzaba, las mujeres fueron untando el arroz en el aceite y se lo lanzaban a la cara. Le dijo a Amma: "Más que una calurosa acogida, parecía todo lo contrario, era un recibimiento lleno de ira. Les hice gestos para que pararan, me cubrí la cara con las manos, pero ellas continuaron haciéndolo".

Más tarde, pregunté si la gente que se había alineado para recibirme creía en Dios. El director del hospital me dijo que eran creyentes y empleados del hospital. Yo le respondí: "No creo que sea así, pues he podido sentir la ira y la venganza en su comportamiento".

Sospechando algo, el director le pidió a alguien que investigara el incidente. Esto fue lo que observó: Las personas que habían dado la bienvenida al líder religioso se encontraban en una sala riendo. Con desprecio, uno de ellos presumía en voz alta: "¡Yo le di a ese diablo!"

Ciertamente, el personal del hospital profesaba una religión diferente. Su director les había dicho que recibieran al invitado, y no tuvieron más remedio que hacerlo. Pero ellos carecían de una comprensión de lo que es la religión y la espiritualidad. Pensaban que las personas de otras creencias eran realmente diablos, y no seres humanos.

Hay dos tipos de ego. Uno tiene que ver con la ambición de poder y dinero. El otro es mucho más destructivo. Es el ego que siente: "Sólo mi religión y mi punto de vista son correctos. Todos los demás son incorrectos e innecesarios. No toleraré nada más". Eso equivale a decir: "¡Mi madre es buena y la tuya es una prostituta!" Esta clase de pensamiento y conducta es la causa de todos los enfrentamientos religiosos. Hasta que no erradiquemos estos dos tipos de ego, será difícil conseguir la paz en el mundo.

La voluntad de escuchar a los demás, la capacidad para comprenderlos y la apertura mental para aceptar también a los que nos desagradan, son los rasgos de la verdadera espiritualidad. Por desgracia, son exactamente estas cualidades las que se están perdiendo en el mundo actual.

No obstante, cuando se producen los desastres naturales, se abren los corazones y se trascienden los conceptos de casta, religión y partidismo político. Cuando el tsunami azotó el sur asiático, desapareció toda barrera religiosa y de nacionalidad. Todos sintieron compasión por las víctimas. Todos derramaron lágrimas por ellas. Y todas las manos se unieron para enjugar las lágrimas y ayudar a los damnificados.

En innumerables ocasiones se ha conmovido mi corazón y mi alma al ver cómo ateos y personas de diferentes partidos políticos y religiones trabajaban incansables, día y noche, junto con los residentes de nuestro ashram (monasterio), en un espíritu de auto-sacrificio. Sin embargo, la compasión y la actitud de no juzgar, que muestran muchas personas en esas situaciones, aparecen y desaparecen tan rápidamente como el destello de una luz. Si, en cambio, tratamos de mantener ardiendo esa llama de compasión en nuestro interior, ella puede disipar la oscuridad que nos rodea. De este modo, tal vez el pequeño reguero de compasión interior crezca hasta convertirse en un caudal torrencial. Permitamos que la chispa del amor se vuelva tan luminosa como el sol. Así crearemos un cielo en la tierra. La capacidad para conseguirlo se halla dentro de todos nosotros. Constituye un derecho de nacimiento y forma parte de nuestra auténtica naturaleza.

Si llenamos de helio un globo aero-estático, independientemente de su color, éste se alzará hacia el inmenso cielo. De forma similar, los creyentes de todas las religiones ascenderán hasta las más altas cumbres si llenan su corazón de amor.

Amma recuerda una historia. En cierta ocasión se reunieron todos los colores del mundo. Cada uno reivindicaba: "Yo soy el color más importante y más amado". La reunión acabó en una pelea.

El color verde dijo orgulloso: "Ciertamente, soy el más importante, pues soy el signo de la vida. Los árboles, las viñas, toda la naturaleza tiene mi color. No creo que necesite decir nada más".

El color azul lo interrumpió: "¡Basta ya de tonterías! Tú sólo te refieres a la Tierra. ¿Acaso no ves el cielo y el mar? Son azules. Además, el agua es el sustrato de la vida. Tenéis que alabarme, pues soy el color del infinito y del amor".

Al oír estas palabras, el color rojo gritó: "¡Esto es demasiado! ¡A callar todo el mundo! Yo soy el que os da vida, soy la sangre. Soy el color del valor y del coraje. Sin mí, no hay vida".

En medio de esta discusión, el color blanco dijo suavemente: "Todos habéis presentado vuestros casos. Dejadme, ahora, que os diga algo: No os olvidéis de la verdad, del sustrato de todos los colores, aquello que yo soy".

No obstante, muchos más colores reivindicaron su valor. Todos alardeaban de su grandeza y supremacía sobre los demás. Poco a poco, lo que empezó como un mero intercambio de palabras se convirtió en una batalla verbal. Los colores estaban dispuestos a destruirse mutuamente.

De pronto, el cielo se oscureció. Hubo rayos y truenos, seguidos de un gran aguacero. El nivel de agua subió rápidamente. Los árboles fueron arrancados de raíz y toda la naturaleza se vio alterada.

Temblando de miedo, los colores gritaron desconsolados: "¡Sálvanos!" En ese preciso momento se oyó una voz desde el cielo: "Eh, vosotros, los colores, ¿dónde está vuestro ego y falso orgullo? Hace un momento discutíais tontamente por vuestra supremacía y, ahora, tembláis de miedo incapaces de proteger siquiera vuestra propia vida. Todo lo que reivindicáis como propio puede desaparecer en un instante. Es necesario que entendáis una cosa: aunque diferentes, cada uno de vosotros está más allá de toda comparación. Dios ha creado a cada uno de vosotros con un propósito diferente. Para salvaros, debéis manteneros unidos. Si formáis una unidad, podréis ascender y expandiros por el vasto cielo. Os convertiréis en el arco iris con sus siete colores, unidos armoniosamente, conformando el símbolo de la paz y la belleza, el signo de la esperanza en el mañana. Desde esa altura, todas las diferencias desaparecen y lo veis todo como una misma unidad. Que vuestra unidad y armonía se conviertan en motivo de inspiración para todos los demás".

Cuando observemos un maravilloso arco iris, ojalá nos sintamos inspirados a trabajar juntos como un equipo, manteniendo una mutua comprensión y apreciación.

Las religiones son las flores dispuestas para el culto de Dios. ¡Qué bello sería si permanecieran juntas! Podrían expandir su fragancia de paz por todo el mundo.

Los líderes religiosos deberían dar un paso adelante y entonar la canción de la paz, de la unidad universal y del amor. Ellos se volverían como espejos para el mundo. El espejo está limpio no por su propio bien, sino por el de aquellos que se miran en él y pueden verse mejor. Los emisarios religiosos deben ser modelos para los demás. El ejemplo que den los líderes religiosos determinará la pureza de las acciones y pensamientos de sus seguidores. Sólo cuando las personas de pensamiento noble pongan en práctica los ideales religiosos, harán posible que sus seguidores absorban el mismo espíritu y se sientan estimulados a actuar de forma noble.

De algún modo, todos deberíamos convertirnos en modelos, pues otras personas siempre nos verán o hablarán de nosotros como ejemplo. Es nuestro deber considerar a aquellos que nos admiran. En un mundo de personas ejemplares, no habría guerra ni armamento. Las guerras no serían más que una pesadilla que tuvo lugar hace mucho, mucho tiempo. Las armas y las municiones se convertirían en artefactos propios de algún museo, símbolos de nuestro pasado, de cuando los seres humanos íbamos por un sendero equivocado.

Nuestro error es que nos hemos dejado seducir por los aspectos superficiales de la religión. Rectifiquemos ese error. Juntos, realicemos aquellos aspectos que constituyen la esencia de la religión:

el amor universal, la pureza de corazón, la unidad que podemos observar en todas partes. Vivimos una época en la que el mundo entero se está reduciendo a una aldea global. Lo que necesitamos no es una mera tolerancia religiosa, sino una profunda comprensión mutua. Abandonemos la incomprensión y la desconfianza. Digamos adiós a la oscura era de la rivalidad y demos la bienvenida a una nueva era de creatividad, de cooperación inter-religiosa. Acabamos de iniciar el tercer milenio. Que las generaciones futuras denominen a este milenio el de la fraternidad religiosa y la cooperación.

A Amma le gustaría presentar algunas sugerencias para su consideración:

1) La solución, en una sola palabra, para casi todos los problemas que el mundo afronta actualmente es "la compasión". La esencia de todas las religiones es ser compasivo con los demás. Los líderes religiosos deberían recalcar la importancia de la compasión a través del ejemplo de sus propias vidas. Nada hay más escaso en el mundo actual que los ejemplos personales. Los líderes religiosos deberían avanzar para llenar este vacío.

2) Por nuestra explotación de la Naturaleza y por la falta general de conciencia, la

contaminación está destruyendo la Tierra. Los líderes religiosos deberían establecer campañas de concienciación respecto a la importancia de la protección medioambiental.

3) No nos es posible evitar las catástrofes naturales. Y como seres humanos no tenemos el control de la mente humana, por lo que no es posible prevenir totalmente la guerra y otros conflictos. Pero si mantenemos un firme propósito, tal vez podamos erradicar el hambre y la pobreza. Todos los líderes religiosos deberían hacer cuanto estuviera en sus manos para lograr este objetivo.

4) Para fomentar la comprensión interreligiosa, todas las religiones deberían establecer centros en los que las enseñanzas de otros credos sean estudiados en profundidad. Se debería hacer con una visión expansiva, sin que haya una motivación ulterior.

5) Igual que el sol no necesita la luz de una vela, Dios no necesita nada de nosotros. Ayudar a los pobres y necesitados es la verdadera oración. Sin compasión, todos nuestros esfuerzos resultarán vanos. Sería como verter leche en una vasija sucia. Todas las religiones deberían enfatizar la importancia de servir compasivamente a los pobres y a los que sufren.

Comprensión y colaboración entre religiones

Recemos y trabajemos juntos para crear un mañana gozoso y libre de conflictos, en el que las religiones trabajen juntas en un ambiente de paz, felicidad y amor.

Que el árbol de nuestra vida quede firmemente
enraizado en la tierra del amor.
Que las buenas acciones sean
las hojas de este árbol;
Que las palabras amables sean sus flores;
Y que la paz sea sus frutos.
Que crezcamos y nos desarrollemos
como una familia, unida en el amor.
Que podamos disfrutar y celebrar nuestra unidad,
en un mundo
en el que prevalezca la paz y la felicidad.

www.ingramcontent.com/pod-product-compliance
Lightning Source LLC
Chambersburg PA
CBHW070048070426
42449CB00012BA/3193